ضمن مشروع إحياء التراث العربي في المهجر
سلسلة مقالات للقراء والقارئات العرب لزيادة المعرفة

 العلم بين

النظرية والتطبيق

د. حسن يحيى

جامعة ولاية ميشيغان

Al Ilm Bayana al Nathariyyah wal Tatbeeq

HASAN YAHYA, DPh.D
Michigan State University

مشروع إحياء التراث العربي في المهجر
بالتعاون بين الموسوعة العربية الأمريكية ودار الكاتب
العربي للنشر في المهجر ومطابع القدس – الولايات المتحدة

مطابع القدس

Sponsored by
Arab American Encyclopedia – AAE, and the
Arab Writer Publishing House in Diaspora –
USA, serving Ihyaa al Turath al Arabi fil
Mahjar Project
سلسلة إحياء التراث العربي في المهجر

حسن يحيى : العلم بين النظرية والتطبيق

Al Ilm Bayan al Nathariyyah wat Tbeeq

ISBN-13: 978-1495335303
ISBN-10: 1495335305

Manufactured in the United States, UK and EU

المحتوى Content

بسم الله الرحمن الرحيم

تقديم

من أهم الأهداف التي تخدمها عملية تحصيل العلوم بصفة عامة هو هدف **إمكانية تطبيق** هذه العلوم ليستفيد منها الإنسان في أي مستوى اجتماعي سواء أكان فردا في أسرة أم في مدرسة أو عضوا في وزارة أو في حكومة ، وهكذا. وكما يقال: لا سباحة بدون ماء، يمكن القول انه **لا فائدة من العلم اذا لم يلازمه التطبيق** . فاذا حصل وانفصلت عملية التطبيق عن النظرية فان النتائج ستكون سلبية أو تكون أقل فاعلية مما لو اكتمل العلم بعملية التطبيق. ولا شك أن الحكومات في كثير من الدول المتقدمه والدول النامية تعطي اهتماما خاصا للعلوم بنوعيها النظري والتطبيقي. ويمكن الاستدلال على ذلك بالنظر في **اهتمام الدول بفتح المعاهد الخاصة والعامة التدريبية والتطبيقية** وذلك ضمن سياسات هذه الدول لدفع عجلة التقدم والتنمية نحو الأفضل ومن أجل خلق جيل من القيادات الواعية المسلحة بالعلم وخبرة التطبيق. كما أن فروع التعليم

ازدادت وتفرعت حتى شملت تقريبا كل نواحي الحياة الاجتماعية والسياسية والاقتصادية والثقافية. وخير شاهد على ذلك ما للناحية التطبيقية من نصيب متزايد في **ميزانيات** هذه الدول ومن **تزايد أعداد المتخصصين** في مجالات تطبيقية تغطي كافة مجالات الحياة الحديثة في المدن والقرى على حد سواء.

وظيفة العلم ووظيفة التطبيق: FUNCTIONS OF SCIENCE AND APPLICATION

يتحدد المفهوم الأول بالجانب النظري ، كما يتحدد المفهوم الثاني بما يطلق عليه الجانب التطبيقي. **ووظيفة العلم** أن يصف ويشرح الظواهر قيد البحث وذلك من أجل التوصل الى **فهم** حقيقة الظاهرة **للتنبوء** بها أو بمثلها و**اقتراح الحلول الممكنة** لها أو لأجزائها و**تقديم نتائجها** الى المسؤولين عن القرار السياسي أو الاقتصادي أو الاجتماعي . ولفظة **العلم** تعني المنهج العلمي في دراسة الأشياء أو الظواهروتتحد المناهج العلمية عادة في الأساسيات المطلوبة للبحث الا أنها تختلف باختلاف العلوم.

والفرق بين تطبيق العلوم الاجتماعية والعلوم الطبيعية واضح حيث تحاول **العلوم الاجتماعية** (كالعلوم السياسية وعلم الاقتصاد وعلم النفس وغيرها) دراسة ووصف وتفسير وفهم التنظيم المجتمعي في مجال حياتي (اقتصادي أو سياسي، أو اجتماعي) من خلال دراسة التفكير والسلوك الإنساني وعلاقات التداخل بين المجموعات البشرية فيما يعرف بالتقاليد والعادات والأعراف الاجتماعية والتي عادة ما تظهر غريبة أو إباحية لدى الناظرين اليها. ومنها دراسات علاقات المدراء بموظفيهم أو علاقة الإنتاج بالسلوك أو بالرواتب والأجور، ودراسة الطلاق والانتحار والثأر وتزايد الجرائم والغش المدني أوالتجاري أو السياسي وعلاقتها بالبيئات والمميزات الفردية والاجتماعية. وتحاول **العلوم الطبيعية** (كالفيزياء والكيمياء والأحياء والفلك) اكتشاف القوانين التي تسير عليها الظواهر الطبيعية. كدراسة المسافات المكانية والزمانية وقوانين علم الأحياء والفيزياء وقوانين مزج المواد في الكيمياء العضوية وغيرها . وتختلف هذه العلوم من حيث ان لكل علم منها منهجه وطريقة تصميمه في وضع النظرية وجمع المعلومات لفحصها ومن حيث الوحدة أو العينة المستخدمة تحت الدراسة.

الناس أجناس:

وليس غريبا على المتعلمين وغير المتعلمين معرفة أن هناك تعقيدات في تعدد فئات المجتمع واختلاف طرق تفكيرهم وحلهم لمشكلاتهم اليومية أو العامة. فالناس كما يقال أجناس وهم يختلفون علما وسنا وجنسا ودخلا شهريا ومكانا، وهذه الاختلافات تجعل من الصعب على الباحثين الاجتماعيين ضبط دراسة المؤسسات التعليمية والعسكرية والتجارية والسياسية في المجتمعات بشكل كامل كالباحثين في العلوم الطبيعية. اذ من الصعوبة بمكان مثلا دراسة مؤسسة الجيش دراسة علمية تجربية بوضعه في مختبر بأربعة جدران كما يفعل الباحثون الطبيعيون عند دراسة نوعية الدم مثلا في مختبر صغير. حيث تختلف العينتان وتختلف طرق التعامل معهما ومدى **ضبط التجربة** من قبل الباحث الاجتماعي والباحث الطبيعي. وهذه التعقيدات تجعل كل مجال دراسي مختلف عن غيره مما يستدعي التخصص بالنسبة لمجال البحث. حيث تعطي فائدة التخصص الباحث قدرة على فهم وتحليل الظواهر المراد بحثها. اذ أنه **كلما زاد فهم ظاهرة ما (مثل ظاهرة الطلاق مثلا أو الزواج خارج العائلة أو خارج العرق أو الزواج بأكثر من واحدة)**

زادت المعرفة بفروعها بشكل عام وساندت فروع العلوم الأخرى .

حدود الانسان:

ليس بمقدور باحث واحد أن يلم بتفاصيل كل شيء لأن معرفة الانسان محدودة زمانا (مهما طال العمر فهو الى توقف) ومكانا (البيئة المكانية تكون في بلد واحد وليس كل البلدان) وجهدا (فطاقات الانسان محدودة). والعالم واسع لايمكن تغطيته بحثا وتدقيقا بكل ظواهره خاصة اذا وضعنا في الاعتبار أن **الباحثين** لهم أمزجة مختلفة تؤثر فيها وتتأثر بها مؤثرات اجتماعية أو سياسية عديدة. فالباحثة مثلا: هي أم لطفلين وهي طالبة وهي عاملة وهي عضوة في اللجنة البرلمانية لمكافحة الغش التجاري . بالاضافة الى أن توقيت نتائج الأبحاث وسرعة تحقيق منافعها للناس قادة وتابعين تختلف بين العلمين الطبيعي والاجتماعي. فالعلوم الطبيعية تظهر نتائجها السلبية أو الايجابية في مدة أقل من المدة التي تظهر فيها منافع أو سيئات أبحاث العلوم الاجتماعية.

ولتفسير **وظيفة التطبيق** نورد المثالين التاليين:

اذا أرادت موظفة أن تقود سيارتها فلا بد لها من معرفة **أصول القيادة**. فاذا عرفت القيادة من شخص آخر نظريا أي بواسطة الكلام فقط واكتفت بذلك وقادت السيارة فان **النتيجة المحتملة** تكون كما يلي: اما أن تؤذي نفسها أو تؤذي الآخرين من أشخاص ومباني أو تؤذي السيارة . فكما أن قيادة السيارة تحتاج الى اتقان نظري وتطبيقي معا فان العلوم بمختلف أنواعها تحتاج أيضا الى اتقان نظري أولا ثم تطبيقي ثانيا. ولذلك فالتطبيق مصمم لتحقيق التحكم في الجوانب النظرية لظاهرة ما أو لاستغلال العلاقات بين الأشياء اعتمادا على العلم بصورة متقنة . ففي مثال قائدة السيارة السابق نقول ان هناك علاقة بين عدم التدريب على قيادة السيارة وبين احتمال حدوث حادث مؤسف.

ونضرب مثالا آخر: اذا علمنا أن **السيارة** لا تستطيع السير دون بنزين فان معرفتنا لهذه الحقيقة تؤكد لنا أن **لكل نتيجة سببا**. وأن هناك علاقة بين **وجود الطاقة** (وهي البنزين هنا) وبين **تشغيل السيارة** واندفاعها الى الأمام أو الى الخلف. ومن هذا المثال ندرك أن هناك مصادر للمعرفة النظرية وأخرى للمعرفة التطبيقية. **فالمهندس** يدرس فنون العمارة مثلا فاذا طلب منه اقامة بناء لمدرسة

أو مستشفى أو عمارة . فانه يقوم بتطبيق ما درسه نظريا في فن العمارة باستعمال مواد تساعده على التطبيق مثل حسابات التكلفة ونوع المواد المستعملة وعدد العمال ومدة العمل في المشروع ولا يتأتى كل هذا العمل في أيامنا هذه الا باستعمال أجهزة الكمبيوتر والقياسات المعقدة ، فالحسابات دقيقة جدا وتأخذ وقتا طويلا اذا قام المهندس بحسابها بورقة وقلم.

وفي هذا المثل فان المهندس يحتل **مركز القيادة** وفريق العمل يحتل **مركز التنفيذ والتطبيق** . وقد يتقن المهندس كلا الوظيفتين: الادارة والتنفيذ ، ولكن التخصصات المختلفة تمنعه من ذلك. فهو ذو علم نظري وتطبيقي على الورق وهذا تخصصه. وعليه فان فريقا آخر متخصصا يقوم بعملية التنفيذ وتطبيق النظرية لتكون بناء لمدرسة أو مستشفى أو غيره. وعلى هذا الفريق مراجعة المهندس في كل خطوة غير مفهومة حتى يتكامل العمل وينجح تطبيق النظرية.

فاذا حاولنا تطبيق نظرية انسانية (اجتماعية) على الانسان أو المجموعة فان **التطبيق ليس سهلا** كما هو الحال في بناء مدرسة أو تصميم سيارة أو تجميع جهاز كمبيوتر. فالانسان أكثر تعقيدا من الآلة . حيث ان له عقلا وعواطف ومعالجة المادة لتطويعها حتى تتناسب مع رسم معين

يحتاج مادة أخرى تختلف اختلافا كثيرا عن تطويع البشر. **ومـــن هنـــا تـــأتي أهميـــة الادارة الحديثـــة في المصـــانع** والمدارس والمعاهد والمستشفيات والوزارات. فالمدرس كما يقال هو مهندس عقول وليس مهندس مادة متحجرة . والطبيب المعالج انما يعالج أناسا بدم ولحم وعواطف. فاذا أخفق في تطبيق النظرية العلمية فان العواقب وخيمة.

ويعتبر تطبيق العلوم الاجتماعية من الأمور الصعبة التي تواجه المتخصصين فيها والدارسين لها على حد سواء. لأن تطبيــق النظريـــات الاجتماعيـــة لا يكـــون بمنـــأى عـــن النـــاس الا مـــا نـــدر. فمخاطبـــة النـــاس ومعاملتهم والتحبب اليهم واستغلال تعاونهم وحل مشكلاتهم يحتـــاج الى خبرة واسعة ومؤهلات عالية. حيث أنه لكل فرد كرامة (تقدر بالمال أو لا تقدر بثمن)، وشخصية فريدة (سهلة التعقيد أو معقـــدة) وحيـــاة خاصـــة (ســـعيدة أو تعيســـة) وعلـــى المتخصصين في العلوم الاجتماعية أن يلمـــوا بالمعرفـــة الفنية للوصول الى الأفراد كل حسب عالمه. ويعتبر **تعامل الباحث الاجتماعي مع الناس للحصول على المعلومات منهم** من أجل دراسة ظاهرة معينه هو **علم بحد ذاته.** وعليه أن يتقن مناهج المخاطبة ومناهج التقرب من أفراد العينـــة حتـــى يستطيع فتح الأقفال فمثلا: يريد الباحث أن

يدرس ظاهرة التمييز في وظائف الشركات أو الحكومات من أجل ربط العلاقات المتشعبة الداعية لها أو المشجعة لها. وفي هذه الحالة على الباحث أن يتبع أفضل السبل التي توصله الى جمع المعلومات دون أن يوجد أعداء قد يؤثرون في البحث ويوجهونه وجهة لا يريدها الباحث. وعليه في هذه الحالة أن يحسن اختيار الظروف والوسائل الممكنة والمناهج المناسبة من أجل الوصول الى ضالته. **وهذا علم بحد ذاته**. ولا بد للباحث أن يحدد هدفه من الدراسة ويصممها تصميما مبنيا على المنطق. وعلى الباحث العالم أن لا يصف فقط ما يرى بل يتعداه الى التحليل و**ربط العلاقات بين الأشياء الملاحظة. وهو ما يسمى بالنظرية** وهي مجموعة الأفكار المنظمة حول موضوع ما للتنبؤ بالعلاقات التي تربط بين عناصره . وبالنسبة للباحث الاجتماعي فان معرفة العلاقات البشرية نظريا دون الوصول الى التطبيق على مشاكل البشر هي **معرفة قاصرة**. ولا يظهر اتقان النظرية الا من خلال تطبيقها. فالعلم شيئ والتطبيق شيئ آخر. فوظيفة العلم تكمن في بناء النظريات التي نصل اليها من خلال المنهج العلمي المتدرج ليجيب عن أسئلة كثيرة مثل: **ما هي المشكلة ؟ وما هي مفاهيمها؟ وما العلاقات السلبية أو الايجابية التي تربط بين مفاهيمها؟ وكيف ندرسها؟ وما**

المقاييس المستعملة لقياسها؟ ومتى ندرسها؟ وأين ندرسها؟ ولماذا ندرسها؟ وكيف نحلل نتائجها؟ وللاجابة على هذه الأسئلة نصل الى **تعميمات تجربية** أو نظريات علمية قابلة للفحص.

أمثلة على الفرضيات والتعميمات التجربية:

- المكاتب الحكومية عادة تكون في المدن (العاصمة مثلا) وليس في القرى.

- كلما زادت الطرق في بلد ما كلما زاد اتصال الناس ببعضهم لبعض.

- كلما زادت الأخلاق عند الناس قلت جرائمهم.

- الأنتحار بين المتدينين أقل منه بين غير المتدينين .

- كلما زاد المستوى التعليمي كلما زاد الدخل الشهري.

- كلما زادت الصناعة في مجتمع كلما كثر استعمال النساء للسوتيانات أو الصديريات. (تصرف الفتيات وهن في التاسعة من أعمارهن ما يزيد على مليوني دولار على شراء السوتيانات سنويا في الولايات المتحدة) .

- كلما زاد عدد الدارسين في الجامعات - - كلما زاد عدد النساء في الجامعات زاد عدد الحاصلات على شهادتي الماجستير والدكتوراه.

وهذه التعميمات التجريبية (النظريات) كانت **فرضيات** قبل توكيدها علميا. فهي تصف **العلاقة بين متغيرين أو شيئين. وهي اما أن تكون علاقة موجبة أو علاقة سالبة أو عدم وجود علاقة.** ففي المثال الأول نلاحظ العلاقة المضطردة بين وجود المكاتب الحكومية والمدن الكبيرة. وفي الثاني علاقة مضطردة أيضا بين تسهيل المواصلات واتصال الناس، وفي المثال الثالث نلاحظ علاقة سلبية بين قوة الوازع الديني والجريمة، وفي الرابع تبين العلاقة بين الانتحار وبين الدين، وفي المثال الخامس تربط بين المستوى التعليمي والدخل وهكذا. ولا يمكن التأكد من هذه الفرضيات والتعميمات الا باتباع المنهج العلمي بحثا وقياسا وتحليلا وفهما. وهناك نوع أخر من التعميمات التجربية هو **الوصف والتفسير .** مثلا: الفلسطينيون يأكلون الخبز أكثر من غيرهم. أو أهل الريف يأكلون خبزا أكثر من أهل المدن. أو الفقراء يأكلون خبزا أكثر من الأغنياء. فاذا ربطنا بين هذه التعميمات وجدنا أن هناك علاقة بين الجنسية واستهلاك الخبز وبين الفقر واستهلاك الخبز وبين مكان الاقامة واستهلاك الخبز. ويمكن هذا الوصف أن يوصلنا الى نظرية عامة عن استهلاك الخبز. وهكذا يتم بناء النظرية ؟

مثـال تطبيقـي علـى بنـاء النظريـة مـن الفرضيـات:
THEORY CONSTRUCTION

هنـاك نوعـان مـن النظريـات وهمـا : النظريـات العامـة الكبـرى Grand Theory وهـي نظريـات تشمـل المجتمـع أو المجتمعـات في زمـن ومكـان أو أزمنـة وأمكنـة مختلفـة. ومثلهـا أن تطـور الفكـر الانسـاني في المجتمعـات مـر فـي ثلاث مراحـل حسب نظريـة أوغسـت كومـت وهـي مرحلـة البدائيـة التقليديـة ومرحلـة التفكيـر المجـرد ومرحلـة التفكيـر الوضعـي. والنظريـات المتوسطـة Middle Theory التي تدرس مستويات أقل من مستويات النظريـات الكبـرى وتهتم بالمؤسسـات والمميـزات الجماعيـة للأفـراد. وتحـاول ربـط المعلومـات بالنظريـة. ولنفـرق بيـن النـوعين نـورد الأمثلـة التاليـة علـى النظريـات المتوسطـة والنظريـات العامـة مـن دراسة عن الطلبة المغتربين في الولايات المتحدة قـام بهـا الكاتب (يحيى 1984) .

أمثلة أخرى على الفرضيـات في المجتمـع الأمريكي من العرب والمسلمين:

1. الـذين يسـاهمون في نشـاطات (المسـجد) المركـز الاسلامي أقل انحرافا من الذين لايساهمون فيها.

2. الطلبة الجدد أكثر اسهاما في النشاطات من الطلبة القدامى.

3. الطلبة المتزوجون أكثر مشاركة في نشاطات المركز الاسلامي من غير المتزوجين.

4. القاطنون قرب المسجد يساهمون في نشاطاته أكثر من القاطنين بعيدا عنه.

5. كلما زاد عدد الأولاد في الأسرة زادت مشاركة الأسرة في نشاطات المركز الاسلامي. وهكذا .

التطبيــق مــن الفرضــية الـى النظريـة: FROM HYPOTHESIS TO THEORY

اثبات أي من هذه الفرضيات علميا يؤدي بنا الى نظرية متوسطة. فعلاقة المشاركة في النشاطات وبين الانحراف **نظريــة متوسطــة**. فكلمــا زادت المشــاركة (+) نقـص الانحــراف (-) . وكلمــا نقصــت المشاركة (-) زاد الانحـراف (+) بـين أفـراد العينـة المختـارة. فـاذا رمزنـا للمشاركة بالحرف (س) والانحراف بالحرف (ص) فان العلاقة تكون امـا علاقـة سلبية أو تكون علاقة ايجابيـة أو تكون بلا علاقة .

ويمكن اعتبار المثال الثاني أيضا **نظرية متوسطة**. مفادها أن هناك علاقة بين المدة التي يقضيها الطلبة في أمريكا

وبـين مقدار المسـاهمة في نشـاطات المركـز الاسـلامي. وهكذا في الأمثلة الأخرى.

التطبيق من النظرية المتوسطة الى العامة: MIDDLE TO GENERAL THEORY

ولكـن كيـف نـربط بـين هـذه التعميمـات أو الفرضيات أو النظريـات المتوسـطة لنخـرج **بنظريـة عامـة** حـول دور العقيدة بشكل عام في أي زمان أو مكان؟ فاذا كان المسجد كمـا لاحظنـا مـن الفرضيات المعطاة يقلل الانحراف بـين الطلبـة الجـدد والقـاطنين قربـه والمتـزوجين ولهـم أولاد. فمعنـى ذلك أن هنـاك خطـا يـربط بـين هـذه المتغيـرات هـو العقيدة وليس المكان . ويمكن هنا استخلاص **نظريـة عامـة** مـن المثـل السـابق تقول: المشـاركة في نشـاطات المراكـز الدينية (اينما وجدت ومتى وجدت) عنصر هام من عناصر القضـاء علـى الانحـراف أو أن أمـاكن العبـادة (مهمـا كـان الدين أو مهما كانت العقيدة) تقلل من الانحراف. وهكذا.

التطبيق من النظرية العامة الى القانون :

ونقوم عن طريق التعميمـات والنظريـات السابقة التي تكونـت مـن عـدة فرضيات بتحويـل النظريـة الـى **قـانون مطلق يقول : العقيدة تزيد من تماسك المجتمع.** وكما نعلم لا العقيدة شيء نـراه بـالعين المجـردة ولا المجتمـع بكل

مؤسساته **الا أننا توصلنا الى النظرية ثم الى القانون من خلال المنهج العلمي في** دراسة مشاركة الطلبة في المراكز الاسلامية وهي شيء نراه ونستطيع قياسه بمقاييس الصفات كالمكان والحالة الزوجية وعدد الاولاد والانحراف. **وهذا قانون عام في علم الاجتماع. اذ أن الأبحاث العلمية أثبتت أن العقيدة الدينية تسهم في التماسك بين أفراد المجتمع والوازع الديني يقلل من الجرائم والانحرافات بين أعضائه.**

شرحنا فيما سبق كيف توصلنا من الفرضيات الى النظرية المتوسطة فالنظرية العامة ثم الى القانون. وعليه نقول ان **النظرية هي فهم وتفسير علمي لظاهرة اجتماعية تحتوي عدة حقائق ترتبط ببعضها البعض.** أما **القانون فهو وصف النظرية بشكل سببي.** أي أن هناك شيء يعتبر سببا لشيء آخر. والمثال واضح: فوجود العقيدة في مجتمع ما (من تقاليد وعادات وقيم) يؤدي الى التماسك الاجتماعي بين أفراد ذلك المجتمع ، وهذا قانون دائم.

فحص النظرية علميا:

قلنـا أن التعميمـات التجريبيـة انمـا تكون نتيجـة ملاحظـات. ومن أهم مـا يقوم العلم بـه بعد وجود النظريـة هو فحصهـا عن طريق اعادة البحث من جديد أو عن طريق صحة مـا يتنبأ به الباحث من علاقات. فمثلا النظرية أعلاه تقول أن المسجد يوحد بين المسلمين. وبنـاء عليهـا نتنبـأ بعدم وجود خلافـات بينهم، كمـا نتنبـأ بكثرة الزيـارات بينهم وكثـرة تسامحهم فيما بينهم. فاذا أردنـا التثبت من صحة النظريـة علينا أن نعيدها ونستعمل نفس الاستبيان الذي استعملناه في البحث الأول ثم نجمع المعلومات ونحللها في الكمبيوتر ثـم نضع النتائج. فاذا وجد مـا يثبت النظريـة كـان ذلك مـا نريد من النظرية. أما اذا كانت ملاحظاتنا بعكس النظرية فلا بد من وجود احتماليات لعدم صحتها في ظرف مختلف . واذا كانت قانونـا فالقانون غير متغير وعليه فان العيب ليس في النظريـة وانمـا في القياس المتبع ومدى صدقه(Validity الظاهري أو الداخلي أو التطابقي أو التنبؤي) أو في الباحث أو في النـاس وتصرفاتهم وعدم انسجام علاقاتهم كمـا يقول القـانون أو النظريـة. وهـو مـا يسـمى بـالتغير السـلوكي الاجتماعي(وفي المثال السـابق الانحـراف عن الدين) في المجتمع. وهي ظاهرة أخرى تحتاج الى دراسات بحثية

حسب المنهج العلمي لمعرفة أسبابها والظروف التي أوجدتها وكيفية معالجتها إيجابيا أو سلبيا في مجتمعات سريعة التغير.

من كتاب : مقدمة في علم الاجتماع التطبيقي 2008 للمؤلف على أمازون .

حول الكاتب

Hasan Yahya is an Arab-Jordanian-American born in Palestine. Sociologist and Historian, former professor of Comparative Sociology and Educational Administration at Michigan State University and Jackson Community College. He is the Board Editing member at International Humanities Studies (IHS) Journal (Jerusalem-Spain). Dr. Yahya is the originator of Arab American Encyclopedia and Ihyaa al Turath al Arabi fil Mahjar-USA. His (250 plus) publication may be observed on Amazon and Kindle. To reach the writer: Email: askdryahya@yahoo.com

Dr. Yahya Credentials: Ph.D in Comparative Socioloy 1991, Michigan State University. Ph.D in Educational Administration, Michigan State Univ. M.A Psychology of Schools Conflict Management, Michigan State Univ. Diploma M.A, Oriental Studies, St. Joseph Univ. Beirut, Lebanon. B.A Modern and Classical Arab Literature. Life Achievements: Publishing 250 plus Books and 1000 plus articles

يرجى التكرم بعد قراءة هذه المقالة إذا وافقت هوى في نفوسكم أن تخبروا أصدقاءكم لتعم الفائدة من المعلومات فيها، وشكرا لكم.
Note for readers: If you like this, please *MOBILE* it , or IPhone it to friends and love ones, THANK U.

You may find us at:

Twitter Facebook Google Videos and Books
UTube & Amazon

Thank you All....God Bless

شكر وتقدير خاص

Special Thanks to Female and male Principles, teachers, administrators, and readers in USA, Great Britain, and EU for selecting some of the author's publications in schoool grade curriculum for example, (55 stories 4 Kids, Qandil Umm Hashim, Hay bin Yaqzan-Ibn Tufail, Shu'ara al Arab: Zuhayr bin Abi Salma and Ibn Zaydun: Andalus Poet) and Muqaddimat Ibn Khaldun, bringing up our children in Diaspora. I appreciate. Thank you!

منشورات الموسوعة العربية الأمريكية – حسن يحيى
Arab American Encyclopedia-USA
And Hasan Yahya Publications
مطبوعات الموسوعة العربية الأمريكية
ودار الكاتب العربي للنشر في المهجر
ضمن مشروع معهد إحياء التراث العربي في المهجر

الدكتور حسن عبدالقادر يحيى
Dr. Hasan A. Yahya Biographical Sketch

HASAN YAHYA was born at a small village called Majdal-YaFa (Majdal Sadiq) in Mandate Palestine (1944). He migrated as a refugee to Mes-ha, a village east of Kufr Qasim, west of Nablus (in the West Bank), then moved with his family to Zarka, 25 km north of Amman – Jordan. He finished the high school at Zarka Secondary School, 1963. He was appointed as a teacher in the same year. Studied Law first at Damascus University, then Lebanon University. He moved to Kuwait. Where he got married in 1967. He was working at Kuwait Television, taught at bilingual School, and Kuwait University. In 1982, Hasan left to the United States to continue his education at Michigan State University. He got the Master Degree in 1983, the Ph.D degree in 1988 in Education (Psychology of Administration). In 1991, He obtained his post degree in research, the result was a second Ph.D degree in Social Psychology. He was the only Arab student who enrolled ever to pursue two simultaneous Ph.D programs from Michigan State University .

Professor Yahya employment history began as a supervisor of a joint project to rehabilitate Youth (inmates out of prison) by Michigan State University and Intermediate School Districts. Worked also as a Teacher Assistant and lecturer in the same university. He was offered a position at Lansing Community College as well as Jackson Community College where he was assistant professor, then associate professor, then full professor (1991-2006). He taught Sociology, psychology, education, criminology and research methods. He supervised 19 Master and Ph.D candidates on various personal, economic psychological and social development topics. Professor Yahya published Hundreds of articles and research reports in local, regional, and international journals. His interest covers local, regional and global conflicts. He also authored, translated, edited and published over 200 books in several languages, in almost all fields especial education, sociology and psychology. He also, was a visiting professor at Eastern Michigan University to give Conflict Management courses. Prof. Yahya accepted an offer to join Zayed University Faculty Team in 1998, then he served as the Head of Education and Psychology Department at Ajman University of Science and Technology 2001-04.

Dr. Yahya established several institutes in Diaspora, the Arab American Encyclopedia, Ihyaa al Turath al Arabi Project, (Revival of Arab Heritage in Diaspora. Recently he was nominated for honorary committee member for the Union of Arab and Muslim Writers in America, and accepted to be a board member in International Journal of Humanities Studies. He was affiliated with sociological associations and was a member of the

Association of Muslim Social Scientists (AMSS) at USA. Social Activities and Community Participation: Dr. Yahya was a national figure on Diversity and Islamic Issues in the United States, with special attention to Race Relations and Psychology of Assimilation. He was invited as a public speaker to many TV shows and interviews in many countries. His philosophy includes enhancing knowledge to appreciate the others, and to compromise with others in order to live peacefully with others. This philosophy was the backgrounds of his theory, called " Theory C. of Conflict Management". And developed later to a Science of Cultural Normalization under the title: "Crescentology. The results of such theory will lead to world peace depends on a global Knowledge, Understanding, appreciation, and Compromising (KUAC)" (Revised Feb. 2013)

ولد الدكتور حسن عبدالقادر يحيى في مجدل يابا من أعمال يافا – فلسطين عام 1944. تلقى علومه الابتدائية في مدرسة بديا الأميرية في الضفة الغربية أيام احتوائها ضمن المملكة الأدردنية الهاشمية وتخرج في جامعة بيروت حاملاً الإجازة في اللغة العربية وآدابها، ودبلوم التأهيل التربوي من كلية القديس يوسف بلبنان، ودبلوم الدراسات العليا (الماجستير) ودكتوراة في الإدارة التربوية من جامعة ولاية ميشيغان بالولايات المتحدة عام 1988، وشهادة الدكتوراه في علم الاجتماع المقارن من الجامعة نفسها عام 1991. عمل في التدريس والصحافة الأدبية. أديب وشاعر وقاص ، منصرف إلى الكتابة في علوم كثيرة تخص علمي النفس والاجتماع والتنمية البشرية ، ألف ونشر العديد من المقالات (1000 +) والكتب باللغتين العربية والإنجليزية (أكثر من 200 كتابا) ، منها ست مجموعات قصصية وست كتب للأطفال ، وأربع دواوين شعرية باللغتين أيضا. وعدد من كتب التراث في الشعر والأدب والأخلاق الإسلامية والتربية والأديان . وهو الآن أستاذ متقاعد في جامعة ولاية ميشيغان. . وكان عضوا سابقا في جمعية العلماء المسلمين في أمريكا . وهو مؤسس الموسوعة العربية الأمريكية في الولايات

المتحدة ضمن مشروع إحياء التراث العربي في بلاد المهجرز كما تم ترشيحه مؤخرا ليكون عضو مجلس التحرير لمجلة الدراسات الإنسانية العالمية.

Arab American Encyclopedia Publications

منشورات الموسوعة العربية الأمريكية

Dr. Hasan Yahya Books - كتب الدكتور: د حسن يحيى

كتب (بالعربية والإنجليزية) ، قام بنشرها الدكتور حسن يحيى ضمن مشروعه: إحياء التراث العربي في المهجر ، بالتعاون مع الموسوعة العربية الأمريكية التي أسسها أيضا لهذا الغرض ومعهد البحوث الإدارية ومطابع شركة القدس والبركان وتلفزيون الدكتور يحيى في الولايات المتحدة .

Arab American Encyclopedia Publications

منشورات الموسوعة العربية الأمريكية

Dr. Hasan Yahya Books - كتب الدكتور: د حسن يحيى

كتب (بالعربية والإنجليزية) ، قام بنشرها الدكتور حسن يحيى ضمن مشروعه: إحياء التراث العربي في المهجر ، بالتعاون مع الموسوعة العربية الأمريكية التي أسسها أيضا لهذا الغرض ومعهد البحوث الإدارية ومطابع شركة القدس والبركان وتلفزيون الدكتور يحيى في الولايات المتحدة .

The Arab American Encyclopedia (Hasan Yahya) Publications:

In English:

1. Hammurabi Codes of Law
2. *The Dangers of the GMS and Conflict Management: Research Paper, Slideshow & Presentation*
3. Moon Flowers: Poems, Tales & Politics
4. Poetry Diwan: Love, Fears & Hopes
5. Crescentology: A Theory Of Conflict Management And Cultural Normalization
6. Crescentologism: The Moon Theory
7. Brief Arab & Muslim Ethics: For Non-Arabic Speakers
8. The Beast In Me America: Arabic Tales, Stories, & Poetry
9. Personality & Stress Management: A New Theory
10. Arab Palestinian & Jews: Sociological Aproach
11. Legal Adultery: Sexuality & World Cultures
12. Crescentologism: The Moon Theory
13. Islam: Finds Its Way
14. 30 Tales From Faraway Land: Middle Eastern
15. Brief Islamic History (bilingual)

16. Jesus Christ Speaks Arabic
17. Fan Adabi Jadid (bilingual)
18. Protocols of Zion: Trilingual : Spnaish, English & Arabic
19. Prophets Saga: from Adam to Muhammad
20. Al-Akhlaq al-Islamiyyah (Bilingual)
21. Quotes: Love & Humor (Bilingual)
22. Jesus is Different the Prophets History
23. 50 Short Stories (55 words)-Bilingual
24. The Intruder: Bilingual
25. *Alisha* and Other Stories.
26. 70 Very Short Stories (English)
27. *Short Stories from World Literature (Bilingual)*
28. 65 stories for Children 3-12 , (English)
29. Occupation and Other Stories from World Literature – English
30. 85 Fables & Tales for Children 3 to 12 (English)
31. *Naji al-Ali Art Show. A Palestinian Artist Ann Mary Thatcher*
32. Princess Imagination: A New Design Novel (English)
33. *Al-Hariri Assemblies (Maqamat al-Hariri (English)*
34. Water, Population and Conflict in the Middle East.
35. *Princess Diana Still Alive, A New Novel Design.*
36. *Nietzsche On Christianity*
37. *Bertrand Russell: Roads to Freedom*
38. *Ernest hemingwaysuicide Story*
39. *Brief Management: Theories & Applications.*
40. *I Have the Right to be Angry*
41. *FBI Madness Storm , One Act Play*
42. *Nadia: An Innocent Girl from Cairo, Short Story*
43. *Brain and Mind Psychology*
44. *Banning Islam: Petition of Ignorance*
45. *The Wiseman Spirit Still Dancing:Short Story*
46. *The Oldman and the Mower, Short Story*
47. *Al Imam al Bukhari Research Methods*
48. *Secularism: A Response to Sh. Yusuf al Qaradawi*
49. *Family, Leadership & Problem Solving Games*
50. *Knowledge & Globalization*
51. *Islam & Muslims in America: Sociological Analysis*
52. *The Science of Socio-Therapy*
53. *Defending Islam, Banning Islam*
54. *Defeating PTSD Epidemics*
55. *New Theory of the Universe: A Macro Philosophical Approach*
56. *The Concept of Crescentology in Sociology*

57. *The Old Man & the Mower, short Story*
58. *Huda Sha'rawi, An Egyptian Legendary Girl*
59. *Joan of Arc*: The French Legendary Girl
60. *Rosa Park*: African American Legend
61. *Sayf bin Thi Yazan*
62. *Ibn Khaldun in Modern Times*
63. *Research Practice: Doing Research for Beginners & Professionals*
64. *Great Arab and Muslim Thinkers*
65. *Ibn al Farid :The Ode Wine (bilingual)*
66. *Arabs & Columbus: Exploratory Study*
67. *Blasphemy in History*
68. *Khalil Gibran*
69. *Crusades, Terrorism and Islamophobia*
70. *Che Guevara: Irish-Legend*
71. *Great Seven Modern Arab Writers*
72. *Rasa'l Ikhwan al Safa: Omar Farrukh*
73. *Gandhi: Father of India*
74. *Ali bin Abi Talib: The Fourth Caliph*
75. *Wonders of 1001 Nights: The Three Apples Story*
76. *Wonders of 1001 Nights: The Fisherman Story-Soon.*
77. *Wonders of 1001 Nights:The Merchant and the Genie*
78. *Children Imagination: Short Stories from the Middle East*
79. التعاليم الأخلاقية العربية والإسلامية – باللغتين
80. ثمان وعشرون قصة قصيرة بالعربية
81. خمس وخمسون قصة قصيرة للأطفال
82. مناهج البحث العلمي في العلوم الاجتماعية
83. أضواء على الفكر الغربي
84. علم الإجتماع التطبيقي
85. نظرية سي القمرية والطبيعة البشرية
86. مقالات في التنميةالإجتماعية
87. ديوان بحر الأماني – شعر
88. ديوان القدر – شعر
89. ديوان لولاك – شعر
90. ديوان : كبري عقلك : أغاني للكبار
91. زوجة السلطان -مجموعة قصصية
92. زوجات للبيع – قصص ومقالات
93. _ أفضل القصص :ثلاثون قصة عربية قصيرة
94. سبعون قصة عربية قصيرة جدا بالعربية
95. عربي في أمريكا – مجموعة قصصية
96. قصة الغزال الطائر : قصة قصيرة
97. الدليل القاطع: قصة بوليسية قصيرة
98. دهاء امرأة: قصة بوليسية بالعربية

99. كيد الرجال : رواية قصيرة بالعربية
100. لعنة الذكاء : رواية قصيرة بالعربية
101. مادلين أوهارا : قصة قصيرة بالعربية
102. الجريمة الكاملة : قصة قصيرة بالعربية
103. ثمن الثروة : قصة قصيرة بالعربية
104. أغاني رياض الأطفال – للأطفال
105. الطفلة المثالية – كتاب أطفال
106. حكايات وأغاني للأطفال 20/20
107. سلسلة بلادي العربية – أصل الحضارة (للأطفال)
108. معروف الإسكافي وقصص أخرى من ألف ليلة وليلة
109. قصص أطفال: أبو صير وأبو قير
110. قصص أطفال: عبدالله البري وعبدالله البحري
111. قصص أطفال: الحصان السحري
112. ألفين بيت من الشعر العربي
113. مضاربات الشعر العربي والمعلقات –أكثر من 3000 بيت
114. أشعار الشباب العربي: قصائد من العالم العربي
115. من عيون الشعر الأندلسي: أشعار عربية
116. ابن زيدون: شاعر الأندلس
117. شعر الوصف في بلاد الأندلس
118. كتاب في علم النفس: الوعي واللاوعي والسعادة
119. قياسات الذكاء بالعربية
120. حالات علاجية لغير القادرين
121. مقالات في علم النفس
122. عشر قصص عربية
123. العربية فن : لغير الناطقين بالعربية .
124. محمد (ص) رسول البشرية
125. التعاليم الأخلاقية العربية والإسلامية – باللغتين
126. الإسلام ومصالح البشر
127. موجز التاريخ الإسلامي
128. اللهم فاشهد – مقالات
129. أسس الإدارة ونظرياتها
130. نظرية المؤامرة والعالم العربي
131. مهارات المعلم وإدارة الفصل – جزء أول
132. مهارات المعلم وإدارة الفصل – جزء ثان
133. الأسرة العربية في مهب الريح
134. قصص إجتماعية : حكايات من أمريكا
135. فن أدبي جديد قصص قصيرة جدا : 55 كلمة فقط – باللغتين
136. مسرحية : الدخيل، بالعربية مترجمة عن الإنجليزية
137. مسرحية الدخيل، بالصينية مترجمة عن الإنجليزية
138. مسرحية الدخيل بالإسبانية ، مترجمة عن الإنجليزية
139. مسرحيات وقصص / الشرط الثالث
140. مسرحية: الثورة نحن وأنا بالعربية
141. مسرحية اليانصيب: مترجمة لتشيكوف
142. فارس الشهباء: عنترة بن شداد العبسي

143.قنديل أم هاشم: رواية ليحيى حقي
144.موجز رسائل إخوان الصفا
145.رسائل إخوان الصفا الرياضية التعليمية - 14
146.رسائل إخوان الصفا النفسانية العقلية -10
147.قصص عربية قصيرة من الإدب العربي المعاصر .
148.الإحتلال وقصص أخرى – مترجمة من الإدب العالمي
149..قصة التوابع والزوابع لابن شهيد الأندلسي
150. حي بن يقظان لإبن طفيل
151.رسالة الغفران لأبي العلاء المعري
152.كتاب كليلة ودمنة لابن المقفع
153.مقامات بديع الزمان الهمذاني الخمسين بالعربية
154.مقامات الحريري الخمسين بالعربية
155.مقامات الزمخشري (47 مقامة)
156.قصص قصيرة من الأدب العربي المعاصر بالعربية
157.الاحتلال وقصص أخرى – مترجمة من الأدب العالمي1
158.طبائع الاستبداد للشيخ عبدالرحمن لكواكبي
159.باب الإيمان في الصحيحين البخاري ومسلم
160.تفسير الجلالين : سورة البقرة
161.كتاب الطهارة في صحيح مسلم.
162..52إثنان وخمسون مقالا لأنيس منصور/1
163.خمسون مقالا لأنيس منصور/ 2
164.مقالات لأنيس منصور/ 3 .
165.تفسير سورة الكهف : شريف سيد قطب
166.تفسير سورة الكهف : يوسف القرضاوي
167.صدام حسين : رواية أخرج منها يا ملعون
168.زبيبة والملك: رواية لصدام حسين
169.السأم الباريسي ترجمة أشغار بودلير لمحمد الإحسايني
170.أرض البرتقال الحزين لغسان كنفاني
171.الطوفان الأزرق : رواية من الخيال العلمي : أحمد عبدالسلام البقالي
172.البعد الخامس: رواية من الخيال العلمي: طالب عمران
173.كتاب كفاحي : أدولف هتلر (باللغتين)
174.شاعرات العرب : فدوى طوقان :شاعرة من فلسطين
175.شاعرات العرب: نازك الملائكة : شاعرة من العراق
176.شاعرات العرب : ولادة بنت المستكفي
177.شاعرات العرب: رابعة العدوية
178.شاعرات العرب : غادة السمان
179.شاعرات العرب: سعاد الصباح
180.شاعرات العرب قي الأندلس
181.شعراء العرب: أبو القاسم الشابي
182.شعراء العرب: امرؤ القيس (الملك الضليل)
183.شعراء العرب: بشار بن برد
184.شعراء العرب: المتنبي
185.شعراء العرب : أبو العلاء المعري
186.شعراء العرب : نزار قباني

187. شعراء العرب: عبدالرحمن الأبنودي
188. شعراء العرب: محمود درويش من فلسطين
189. شعراء العرب: زهير بن أبي سلمى
190. رياحين الموشحات الأندلسية
191. رباعيات الخيام بالعربية
192. العشاق المجانين: مجنون ليلي
193. العشاق المجانين : ليلى الأخيلية
194. العشاق المجانين: عروة وعفراء
195. صراع الماء والسكان في الشرق الأوسط والعالم
196. نوادر أشعب وأبودلامة والطفيليين
197. الكرماء والبخلاء
198. القصيدة الخمرية لابن الفارض (باللغتين)
199. شموع ودموع عن النظرات للمنفلوطي
200. لسان العرب في مسارب الأدب (الإنشاء والرسائل)
201. مروج الذهب في الحكمة والأدب عند العرب
202. علامات الحب وعشاق الغرام
203. سر من قرأ: للترويح عن النفس
204. محاسن لابسات البراقع من الرأس إلى القدم
205. العبرات لمصطفى المنفلوطي
206. بديع الكلام في مدح خير الأنام
207. الفؤاد واللسان في الغزل وهوى الخلان
208. لا تلمني .... فالحب أعمى (حول شعر الغزل)
209. موجز البلاغة للشيخ الطاهر بن عاشور
210. رواية الدفلى للأديبة العربية ماري رشو
211. رواية هبة للأديبة العربية : هناء كرم سابا
212. رواية في مهب الريح للأديب الأردني : تيسير دبابنة
213. الهجرة السرية: قصص قصيرة بالعربية : محمد محمد البقاش
214. رحلات السندباد البحري في ألف ليلة وليلة
215. صويحبات عمر بن أبي ربيعة
216. اللؤلؤ والمرجان في حدائق الزمان
217. حكاية معروف الإسكافي :الحكاية الأخير من 1001 ليلة
218. عناصر النقد الأدبي :دراسات أدبية
219. سلسلة كتب ابن سينا عن القانون في الطب (سبعة كتب)
    1. مناهج البحث العلمي غند ابن سينا
    2. ابن سينا وعلم النفس
    3. ا. خصائص المنهج العلمي عند ابن سينا
    4. تأثير ابن سينا في الغرب
    5. الأمراض وأسبابها لابن سينا
    6. القانون في الطب لابن سينا : موضوع العظام
    7. علاج الأوردة والشرايين عند ابن سينا
220. هكذا ولدت مريم : رواية لهناء كرم سابا
221. تحت عباءة أبي العلاء : مقالات لنجيب سرور من مصر
222. غادة السمان: كوابيس بيروت – نثر أدبي
223. العجوز والبيدر : قصص قصيرة لعبدالرحمن الأقرع من فلسطين
224. الأغاني للأصفهاني- الجزء الأول

225.الأغاني للأصفهاني – الجزء الثاني
226.الأغاني للأصفهاني – الجزء الثالث
227.الإمتاع والمؤانسة لأبي حيان التوحيدي – الجزء الأول
228.الإمتاع والمؤانسة لأبي حيان التوحيدي – الجزء الثاني
229.أحلام مستغانمي: عابر سرير : رواية بالعربية
230.أحلام مستغانمي: فوضى الحواس : رواية بالعربية
231.أحلام مستغانمي: الجسد روياة بالعربية
232.شخصيات إسلامية : الخليفة عمر بن عبدالعزيز
233.شخصيات إسلامية : أبو ذر الغفاري
234.موجز رسائل إخوان الصفا
235.رسالة العشق من رسائل إخوان الصفا
236.الأمثال في شعر المتنبي
237.الأمثال عند العرب : نثرا وشعرا
238.عشق الفؤاد عند العباد :أشعار غزلية
239.رسالة المقريزي في الكيمياء والفيزياء
240.سلسلة قصص أطفال باللغتين
241.بسمات وآهات العاشقين
242.العريف حسن: ديوان شعر شعبي عن مصر: محمد عبدالله
243.هرولة فوق صقيع توليدو : رواية : ماري رشو
244.أوراق حلم: قصص قصيرة : ماري رشو
245.الحب أولا: قصص قصيرة : ماري رشو
246.رجال في الشمس: رواية لغسان كنفاني
247.حرائق امرأة : رواية بالعربية ماري رشو
248.الشبيهة: رواية عربية ماري رشو
249.وفاء عزيز أوغلي: عزف على أوتار قلب : قصص قصيرة
250.الغريض في التراث الغنائي العربي - قريبا
251.الغناء والموسيقى في الإسلام - قريبا
252.قصيدة المتنبي في رثاء جدته
253.ثلاث مسرحيات مصرية: محمد عبدالله ربيعي
254.كتاب الوفا بعريف فضائل المصطفى لابن الجوزي-الجزء الأول
255.قصص أطفال على ألسنة الحيوانات
256.عصافير الجنة: قصة إنسانية قصيرة
257.مقال العلم بين النظرية والتطبيق

www.ingramcontent.com/pod-product-compliance
Lightning Source LLC
Chambersburg PA
CBHW060346290526
45791CB00004B/1554
9781495335303